FONCTIONNEMENT DU L...

Chaque fiche sur un dinosaure se décompose en deux pages.

- Détail morphologique du dinosaure
- Informations sur le dinosaure
- Nom du dinosaure
- Dinosaure en couleur en situation
- Paysage en noir et blanc

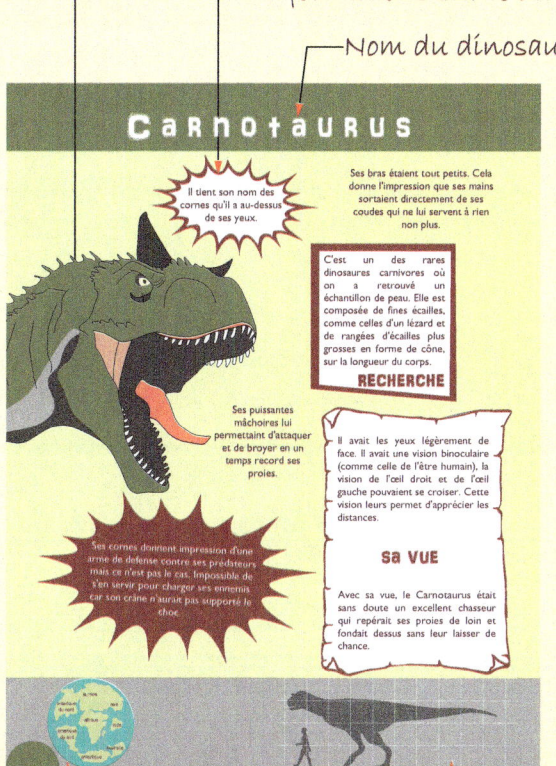

Page de gauche

- Epoque à laquelle il a vécu.
- Représentation de l'échelle du dinosaure par rapport à un humain d'1m80 de hauteur.

Page de droite

- Fiche descriptive du dinosaure

A	Signification de son nom.
	Hauteur du dinosaure à l'âge adulte.
	Longueur du dinosaure à l'âge adulte.
	Poids du dinosaure à l'âge adulte.
	Régime alimentaire du dinosaure.
O	Ordre auquel le dinosaure appartient.
S.O	Sous-ordre auquel le dinosaure appartient.
F	Famille auquel le dinosaure appartient.
	Epoque à laquelle le dinosaure à vécu.
	Lieux où ses squelettes ont été découverts.
	Année où son premier squelette a été découvert.

1

SOMMAIRE

Page 04 - Ils ont vécu quand ?

Page 05 - Classification des dinosaures.

| Allosaurus page 06 | Ampelosaurus page 08 | Anatotitan page 10 | Ankylosaurus page 12 | Apatosaurus page 14 |

| Archaeoptéryx page 16 | Argentinosaurus page 18 | Brachiosaurus page 20 | Brontosaurus page 22 | Carnotaurus page 24 |

   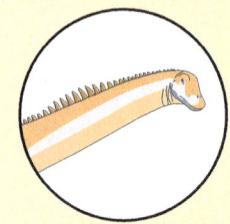 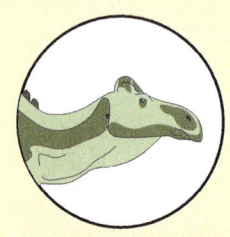

| Cératosaurus page 26 | Coelophysis page 28 | Dilophosaurus page 30 | Diplodocus page 32 | Edmontosaurus page 34 |

    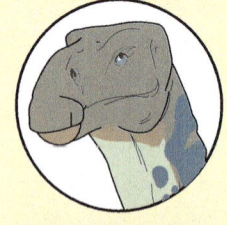

| Gigantspinosaurus page 36 | Giraffatitan page 38 | Herrerasaurus page 40 | Hypacrosaurus page 42 | Iguanodon page 44 |

SOMMAIRE

Maiasaura
page 46

Mégalosaurus
page 48

Microcératops
page 50

Oviraptor
page 52

Pachycéphalosaurus
page 54

Paralititan
page 56

Parasaurolophus
page 58

Pentacératops
page 60

Platéosaurus
page 62

Protocératops
page 64

Pteranodon
page 66

Saurolophus
page 68

Séismosaurus
page 70

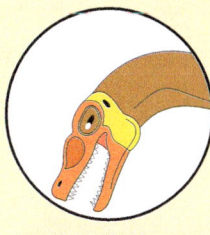
Sinornithosaurus
page 72

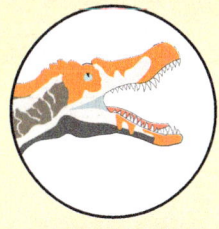
Spinosaurus
page 74

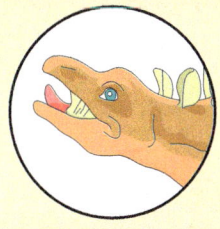
Stegosaurus
page 76

Thérizinosaurus
page 78

Tricératops
page 80

Tyrannosaurus
page 82

Vélociraptor
page 84

Ils ont vécu quand?

Les dinosaures

1. La Terre:
Elle est née il y a environ 4 milliards d'années. Au départ, la Terre était une boule de feu, totalement vide.

2. Premiers signes de vie:
Les premiers signes de vie sont apparus sur Terre, il y a 3 milliards d'années.
Cette apparition a eu lieu dans les océans.

3. Premiers reptiles:
Les premiers reptiles sont apparus il y a 300 000 millions d'années.

4. Premiers dinosaures:
Les premiers reptiles ont évolués et sont devenus des dinosaures il y a 200 millions d'années.

5. Ere des dinosaures:
Les dinosaures ont évolués pendant l'ère du Mésozoique.
Elle s'étend de - 251 millions d'années à -65.5 millions d'années, soit sur une période de 185.5 millions d'années.
Le Mésozoïque se divise en trois périodes :
le Trias (de -252Ma à -201Ma) ;
le Jurassique (de -201Ma à -145Ma) ;
le Crétacé, (de -145Ma à -66Ma)

Représentation graphique de la Terre pendant le Mésozoïque.

Le Trias
(de -252Ma à -201Ma)

Le Jurassique
(de -201Ma à -145Ma)

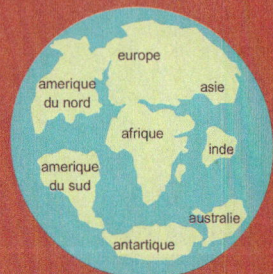
Le Crétacé
(de -145Ma à -66Ma)

6. Et les hommes ?:
Les hommes et les dinosaures ne se sont jamais rencontrés.
Le plus vieux crâne d'homonidé découvert par un archéologue est âgé de 7 millions d'années, il a été nommé Toumai.

Classification des Dinosaures

Les dinosaures

sont classés dans 2 ordres :

- les **saurischiens** (à bassin de reptile), aussi appelés sauripelviens, ont un bassin qui s'apparente à celui des autres reptiles comme les crocodiles et les lézards. Chez les saurischiens, le pubis est dirigé vers le bas et vers l'avant. Il forme un V à l'envers avec la partie inférieure arrière, l'ischion (l'ilion est la partie supérieure). Ces trois os servaient de point d'ancrage aux muscles des membres inférieurs.

- les **ornithischiens** (à bassin d'oiseau) ont un bassin qui se rapproche de celui des oiseaux sans pour autant avoir un lien de parenté avec ceux-ci. Chez les dinosaures ornithischiens, les deux parties inférieures de l'os du bassin, le pubis et l'ischion, sont parallèles et dirigées vers le bas et vers l'arrière.

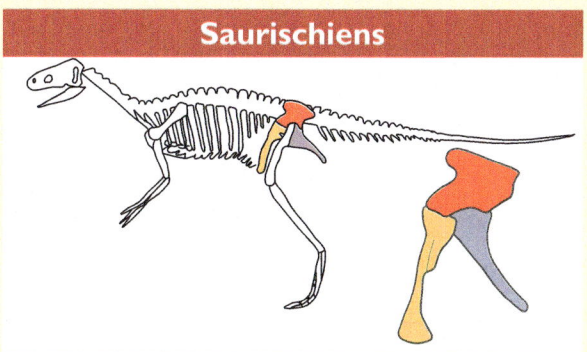
Saurischiens

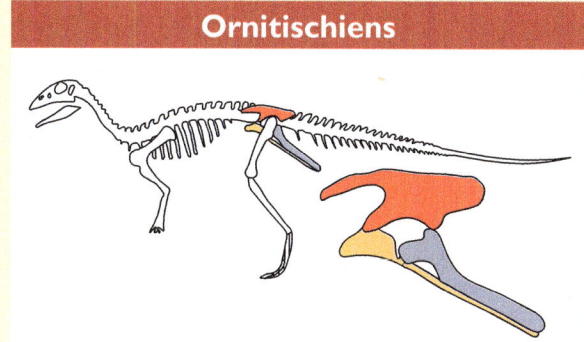
Ornitischiens

ilion
isquion
pubis

Classification des dinosaures présents dans cet ouvrage

Ordre des Saurischiens
présentent un bassin de reptile

Sous-ordre des sauropodes
- Famille des Brachiosauridés
- Famille des Diplodocidés
- Famille des Herrerasauridés
- Famille des Titanosauridés
- Famille des Platéosauridés

Sous-ordre des théropodes
- Famille des Abelisauridés
- Famille des Allosauridés
- Famille des Cératosauridés
- Famille des Cœlophysidés
- Famille des Dromaeosauridés
- Famille des Herrérasauridés
- Famille des Oviraptoridés
- Famille des Spinosauridés
- Famille des Thérizinosauridés
- Famille des Torvosauridés
- Famille des tyrannosauridés

Ordre des ornithischiens
présentent un bassin d'oiseau

Sous-ordre des Cératopsiens
- Famille des Ceratopsidés
- Famille des Protocératopsidés

Sous-ordre des Marginocéphales
- Famille des Pachycéphalosauridés

Sous-ordre des ornithopodes
- Famille des Hadrosauridés
- Famille des Iguanodontidés

Sous-ordre des Thyréophores
- Famille des Ankylosauridés
- Famille des Stégosauridés

ALLOSAURUS

C'était un des plus grands de la famille des Allosauridès. D'après les études, il a été, probablement le plus féroce prédateur du Jurassique.

FÉROCE PRÉDATEUR

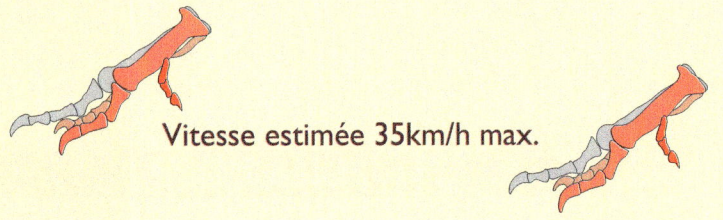

Vitesse estimée 35km/h max.

Il chassait aussi bien les petites proies que les énormes sauropodes.

> Pour chasser, il pouvait atteindre des vitesses de 30 à 50 km/h, ce qui lui permettait d'atteindre rapidement sa proie. Il la paralysait au sol avec ses petites pattes avant puis, il lui mordait la gorge (comme les lions et les tigres aujourd'hui).
>
> Il avait 3 griffes acérées à chaque patte. Elles lui permettaient d'attraper ses proies et de s'y agripper. Cependant, les études ont montré que la pression exercée par leur mâchoires était assez faible. Pour pouvoir déchiqueter la chair de ses proies, il devait donner des grands coups de têtes vers le bas.
>
> ## CHASSE

Il avait un crâne massif mais pas lourd. Il avait plusieurs grandes ouvertures situées dans le crâne, ce qui permettaient de l'alléger.

Il portait deux fines crêtes qui partaient de son museau et allaient jusqu'à deux petites cornes.

MORPHOLOGIE

Il avait 5 paires de dents sur la mâchoire supérieure.

DENTITION

C'était un redoutable prédateur, d'ailleurs un de ses premiers noms était "Antromedus" que l'on pouvait traduire par "dragon cauchemardesque".

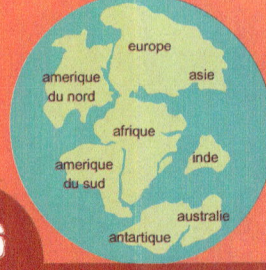
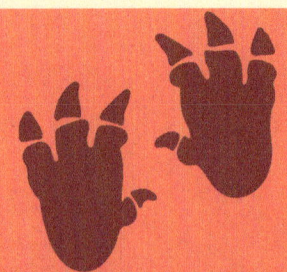

ALLOSAURUS

 Lézard différent
 3 mètres
10 à 14 mètres
1 à 3 tonnes

 Carnivore
 Saurischiens
 Théropodes
F Allosauridés

 Jurassique sup. (155-145Ma.)
Etats-Unis, Portugal
 1869

7

AMPELOSAURUS

Il s'agissait d'un cousin français du Diplodocus. Cependant, l'Ampelosaurus etait plus petit, il n'appartiennait pas au même groupe, puisqu'il s'agissait d'un titanosaure. Il a vécu bien plus récemment, vers la fin du Crétacé supérieur (voilà 75 à 70 millions d'années).

MORPHOLOGIE
Son dos était recouvert de plaques dites "ostéodermes".

ETYMOLOGIE
Il doit son nom au lieu de sa découverte: les ossements ont été retrouvés dans le sud de la France, au milieu des vignes (Ampelos en grec).

ALIMENTATION
Comme le diplodocus, on a retrouvé dans sa cage thoracique des pierres arrondies et dépolies appelées gastrolites. On pense qu'elles l'aidaient à broyer la nourriture dans son estomac. Ce broyage des aliments devait compenser la faiblesse de ses dents.

Il présentait des plaques osseuses dorsales, en forme dépines de 15 à 20cm de hauteur, qui devait l'aider à supporter sa longue colonne vetébrale.

AMPELOSAURUS

Lézard du vignoble	Herbivore	Crétacé sup. (75-67 Ma.)
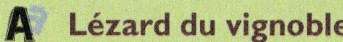 4 mètres	O Saurischiens	France (Aude)
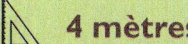 15 à 18 mètres	S.O Sauropodes	Fouilles depuis 1989 (collectif) - décrit en 1995
7 tonnes	F Titanosauridés	

9

Anatotitan

Il appartient à la famille des Hadrosauridés, surnomée "à becs de canard" à cause de la présence et de la forme de leur bec, large et sans dents sur le devant.

BEC DE CANARD

Il avait de chaque côté de la tête un renflement nasal qu'il pouvait sans doute gonfler comme un ballon et émettre des sons.

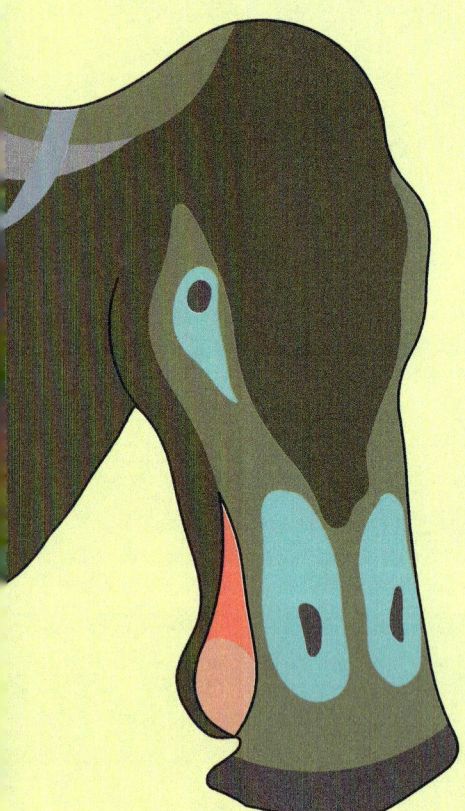

Il pouvait adopter alternativement une posture bipède ou quadrupède. Il pouvait se dresser, facilement sur ses 2 pattes arrière pour attraper des végétaux en partie haute ou se mettre à quatre pattes pour brouter les plantes basses.

BIPÈDE – QUADRUPÈDE

L'Anatotitan ne possèdait apparemment aucun moyen de défense contre ses prédateurs.
Les scientifiques supposent qu'il devait courir rapidement, environ à 40km/h, pour échapper, par exemple au T-Rex.

VITESSE

" Il n'avait pas de dents sur l'avant. Sur l'arrière de la mâchoire, ces dinosaures possédaient des centaines de dents, capables de mastiquer pendant des heures des végétaux parfois très durs.
Plusieurs rangées de dents sous les dents visibles permettaient de remplacer les dents usées.
Il avait ses dents qui se remplaçaient durant toute la vie de l'animal. Ses dents s'usaient rapidement à la manière d'une râpe, en raison de la mastication des plantes.

DENTITION "

Anatotitan

A Canard géant	🍴 Herbivore	Crétacé sup. (75-70 Ma.)
📐 5 mètres	O Ornithischiens	Amérique du Nord
📏 10 à 13 mètres	S.O Ornithopodes	1882, décrit en 1990.
⚖ 4 à 5 tonnes	F Hadrosauridés	

11

ANKYLOSAURUS

> Rappelant celle du crocodile, la cuirasse de l'ankylosaurus etait composée d'un mélange d'écailles d'os et de peau. Comme celle des chevaliers, cette armure les protègeait des morsures et des coup de griffes. Mais elle était très lourde et le ralentissait.
>
> **ARMURE**

Mi crocodile, mi-tortue, il était un véritable char d'assaut.
CHAR-D'ASSAUT

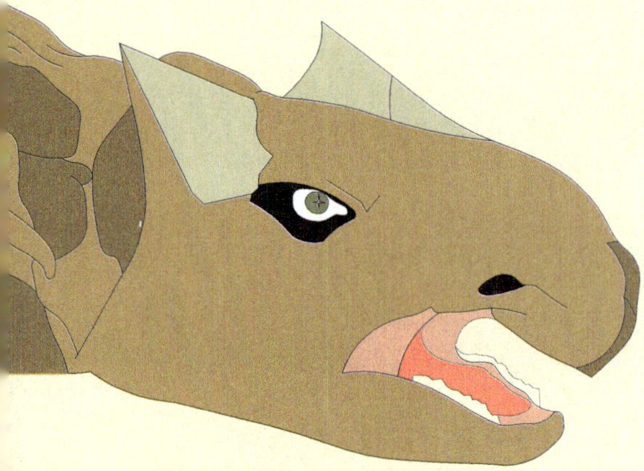

LE MIEUX PROTÉGÉ

Il ne mangeait que des végétaux et vivait dans les marécages. Il se contentait d'avaler directement les plantes, sans les mâcher? Il faut dire qu'il n'avait que quelques dents.

Son point faible était son ventre. Dépourvu de protection il était tout mou, et il craingnait les mauvais coups. Alors, en cas d'attaque, son premier réflexe était de s'aplatir au sol comme une carpette.
POINT FAIBLE

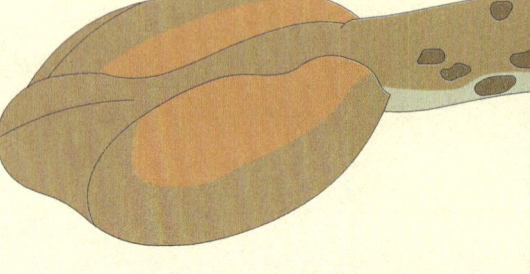

Il était contitué de plus d'un millier d'os. Ce qui constitue un record dans ce domaine.

La grosse boule osseuse qu'il avait au bout de la queue lui servait de massue pour briser les os de ses ennemis.

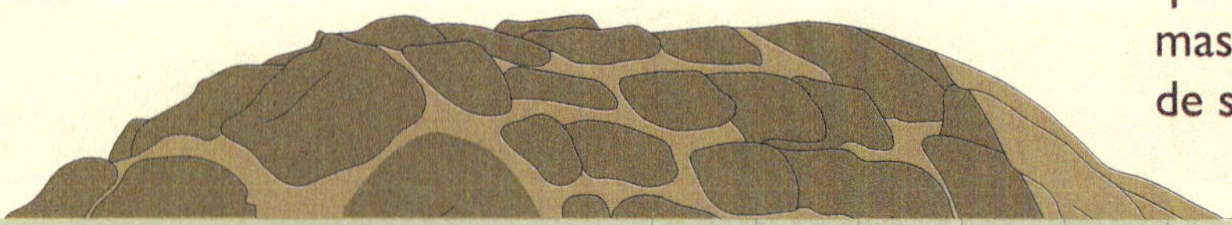

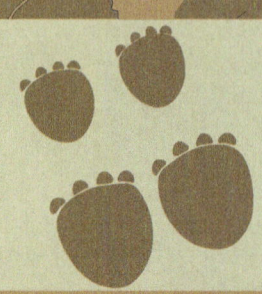

12

Ankylosaurus

A Lézard raidi	Herbivore	Crétacé sup. (71-65 Ma.)
△ 2 à 3 mètres	O Ornithischiens	Etats-Unis et Canada
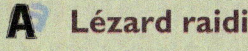 6 à 10 mètres	S.O Thyréophores	1906, décrit en 1908
4 à 6 tonnes	F Ankylosauridés	

13

Apatosaurus

C'était un proche parent du Diplodocus. Il était plus trapu que le Diplodocus mais pas aussi long.

ÉVOLUTION

L'Apatosaurus n'arrêtait pas de grandir durant toute sa vie et durant toute l'année. A leur naissance les bébés mesuraient entre 30 et 50cm minimum. Pour atteindre leur taille adulte, ils devront multiplier leur taille de naissance par 100.

IL VIT EN TROUPEAU

Pour nourrir son énorme corps, il devait manger toute la journée. Il se nourrissait de végétaux pas trop coriaces, comme les plantes, les fougères etc…

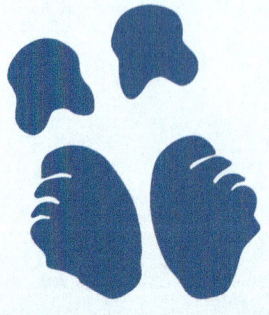

L'Apatosaurus devait pouvoir faire claquer sa queue, soit pour repousser les prédateurs, soit pour communiquer entre eux.

SE NOURRIR

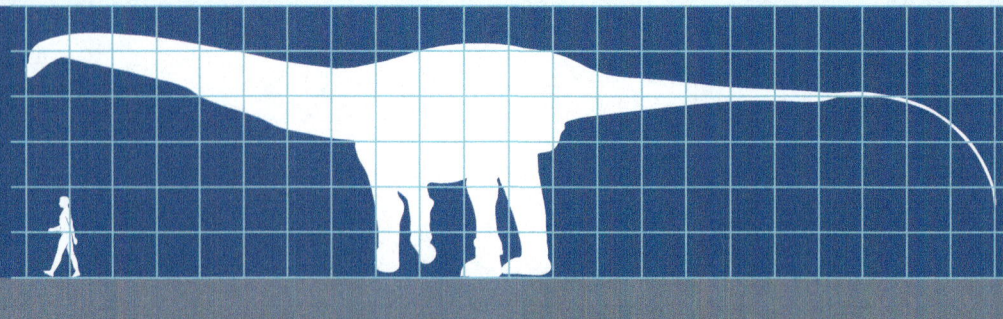

14

Apatosaurus

 Lézard trompeur

10 mètres

21 à 26 mètres

30 à 35 tonnes

 Herbivore

 Saurischiens

S.O Sauropodes

F Diplodocidés

 Jurassique sup. (155-145 Ma.)

 Etats-Unis

 1877 (Arthur Lakes)

15

ARCHAEOPTÉRYX

Oiseau préhistorique mangeur de chair, au bec massif plein de dents et à la queue osseuse.

Il n'effectuait que des vols courts et bas, car ses muscles n'étaient pas assez puissants pour porter son grand corps.

SE DÉPLACER

Pour pouvoir décoller du sol, il courrait sur une courte distance. Une fois en l'air, il se contentait de planer d'un point à un autre sans battre des ailes.

DÉCOUVERTE

En 2011, des scientifiques américains ont découvert que les plumes de ce dinosaure étaient noires.

A première vue, il avait tout d'un oiseau: il avait des ailes et des plumes, mais l'intérieur de son bec présentait deux rangées de dents, or les oiseaux n'en ont pas. Les poules possèdent le gène des dents; mais il n'est pas activé.

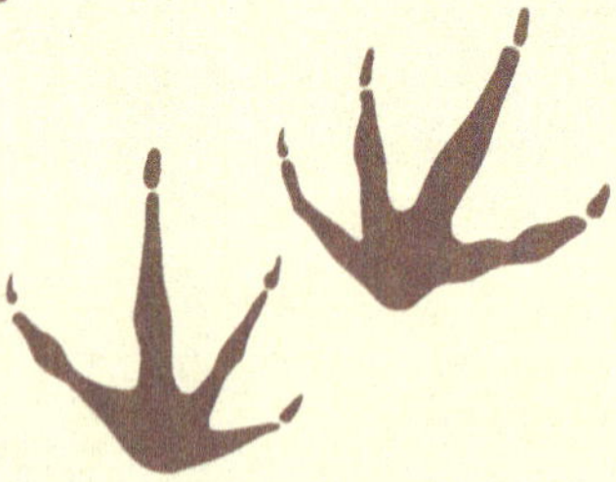

Il avaient des griffes accrochées aux ailes. Les oiseaux actuels les ont perdues, mais le petit du hoazin huppé, un bel oiseau d'Amérique du Sud, en possède encore pour pouvoir s'accrocher aux branches. Il les perd ensuite quand il apprend à voler.

SES GRIFFES

16

ARCHAEOPTÉRYX

 L'aile ancienne
 0,60 mètres
 0,60 mètres
 1 kg

 Carnivore

O
S.O
F

Depuis 2011 il y a débat sur sa classification.

 Jurassique (161-145 Ma.)
 Allemagne
 1861

17

Argentinosaurus

Son nom vient du lieu de sa découverte, en Argentine.

Se nourrir

Il se déplaçait en troupeau. Il passait ses journées à grignoter des buissons ou des feuilles d'arbre grâce à son long cou. En moyenne, il engloutissait 400 kilos de végétaux par jour. Une vache en mange en moyenne 70kg par jour.

Pour se nourrir, son long cou lui permettait probablement d'atteindre le haut des conifères, ou balayer le sol à la recherche des fougères et des buissons. Une fois avalée, il déplaçait sa nourriture tout le long du cou pour entrer dans l'estomac. A l'intérieur de l'estomac, la végétation devait être broyée par des pierres que l'animal avalait, connues sous le nom de gastrolithes.

Le plus lourd

Une fois sorti de son œuf, il fallait 40ans à ce méga dinosaure pour atteindre sa taille adulte.

Sa croissance

Il grossissait de 50kg par jour en période de pleine croissance. Il était l'animal le plus lourd qui ait jamais marché sur terre.

Sa défense

Avec sa taille imposante, peu de prédateurs osaient s'attaquer à lui. Son seul ennemi était le giganotasaurus, un dinosaure carnivore pourtant 8 fois plus petit que lui mais qui chassait en groupe et s'attaquait de préférence à des individus jeunes ou malades.

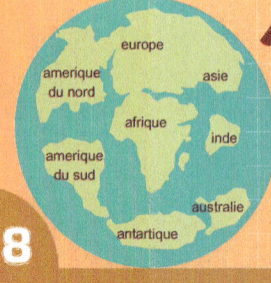

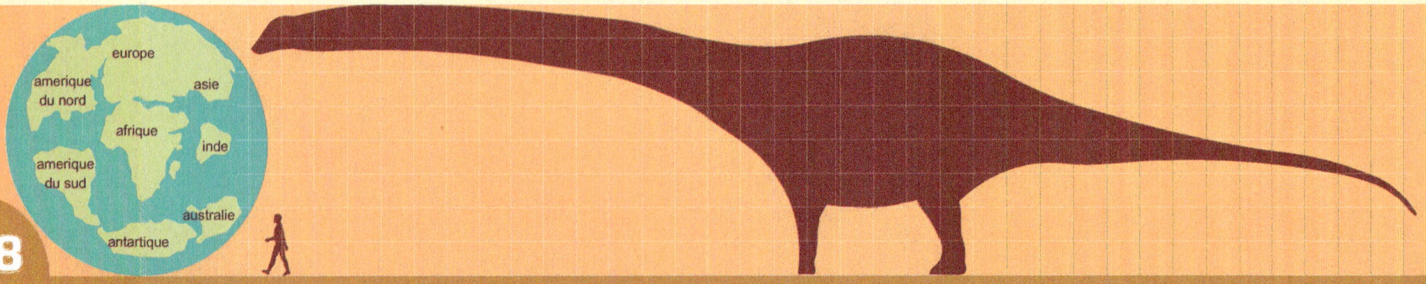

18

ARGENTINOSAURUS

- A — Reptile argentin
- 8 mètres
- 35 à 45 mètres
- 80 à 100 tonnes
- Herbivore
- O — Saurischiens
- S.O — Sauropodes
- F — Titanosauridés
- Crétacé inf. sup. (108-92 Ma.)
- Argentine
- 1990 (décrit en 1993).

Brachiosaurus

Sa tête était toute petite par rapport à son corps et son front était bombé.

Ses dents solides en forme de pointe étaient faites pour mâcher des brindilles et des petites branches qu'il attrapait tout en haut des arbres.

Ses narines n'étaient pas placées sur son museau, mais quasiment au sommet de son crane. Il avait un excellent odorat, et cela lui permettait de ne pas être gêné par les branches lorsqu'il broutait un arbre.

LE PLUS HAUT

Ses pattes sont de véritables poteaux. Chacun de ses fémurs mesure 2 mètres de long. En comparaison celui d'un homme adulte est 4 fois plus petit.

Il se nourrissait de végétaux: il en ingurgitait près de 200 kilos par jour. Il avalait aussi les cailloux. Une fois dans l'estomac, ces pierres l'aidaient à digérer plus facilement la nourriture que ses dents ne lui permettaient pas de mastiquer.

SE NOURRIR

Il se servait toujours de son long cou pour aller cueillir les feuilles situées au sommet des arbres. Mais en cas de danger, il n'hésitait pas à le secouer de gauche à droite comme une massue pour assomer ou repousser ses prédateurs.

BAIGNADE

Il aimait bien patoger dans les rivières. Mais il ne pouvait pas se baigner entièrement car il était trop grand et trop gros. La pression de l'eau sur ses poumons l'aurait empêché de bien fonctionner et il se serait étouffé en quelques minutes.

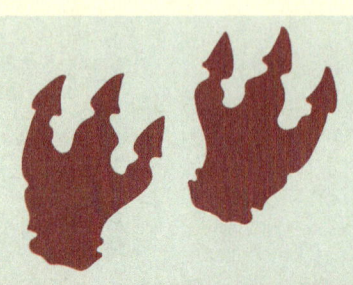

Brachiosaurus

 Reptile pourvu de bras   Herbivore   Jurassique sup. (146-135 Ma.)

 14 à 18 mètres    Saurischiens   Amérique Nord, Europe, Afrique

 22 à 30 mètres    Sauropodes

 30 à 50 tonnes   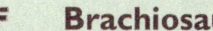 Brachiosauridés   1900

Brontosaurus

Le Brontosaure a été l'un des premiers dinosaures à être connu, en raison de sa popularité dans les livres, les dessins animés et les films.

Il se déplaçait à une allure extrèmement lente. Pas plus vite qu'un humain.

Le Brontosaurus correspond en fait à l'ancien nom de l'Apatosaurus.

> Le Brontosaurus vivait en général à proximité d'une nappe d'eau, là où poussaient ses plantes préférées. L'eau lui servait aussi de refuge en cas d'attaque d'un prédateur, principalement l'Allosaurus. Mais étant donné leur lenteur, les Brontosaures devaient rester à moitié dans l'eau, en continuant à brouter.

Brontosaurus

Reptile tonnerre	Herbivore	Jurassique sup. (146-135Ma)
10 mètres	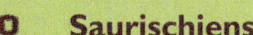 Saurischiens	Etats-Unis
20 à 25 mètres	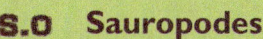 Sauropodes	1877 (Arthur Lakes).
25 à 35 tonnes	Diplodocidés	

Carnotaurus

Il tient son nom des cornes qu'il a au-dessus de ses yeux.

Ses bras étaient tout petits. Cela donne l'impression que ses mains sortaient directement de ses coudes qui ne lui servent à rien non plus.

C'est un des rares dinosaures carnivores où on a retrouvé un échantillon de peau. Elle est composée de fines écailles, comme celles d'un lézard et de rangées d'écailles plus grosses en forme de cône, sur la longueur du corps.

RECHERCHE

Ses puissantes mâchoires lui permettaint d'attaquer et de broyer en un temps record ses proies.

Il avait les yeux légèrement de face. Il avait une vision binoculaire (comme celle de l'être humain), la vision de l'œil droit et de l'œil gauche pouvaient se croiser. Cette vision leurs permet d'apprécier les distances.

sa VUE

Ses cornes donnent impression d'une arme de defense contre ses prédateurs mais ce n'est pas le cas. Impossible de s'en servir pour charger ses ennemis car son crâne n'aurait pas supporté le choc.

Avec sa vue, le Carnotaurus était sans doute un excellent chasseur qui repérait ses proies de loin et fondait dessus sans leur laisser de chance.

Carnotaurus

 Taureau carnivore
 3,5 mètres
 7,5 mètres
 1 tonne

 Carnivore
O Saurischiens
S.O Théropodes
F Abelisauridès

 Crétacé inf. et sup. (108-94Ma)
 Argentine
 1985 (José Bonaparte).

25

Cératosaurus

Il avait une grande tête, qui lui servait à saisir des petits lézards, et une lourde queue en guise de contrepoids.

" Il portait une petite corne sur le museau, juste derrière les narines. "

Il avait 4 doigts à chaque main.

Il possèdait 5 orteils sur chaque pied. Les 3 centraux sont en éventail et les 2 petits orteils latéraux ne touchaient pas le sol.

Il avait une colonne vertébrale très forte. Sa longue queue était flexible près de la hanche ce qui permettait au cératosaure de la mouvoir de haut en bas et de droite à gauche. Il courait, penché en avant, le dos presque horizontal, la queue droite servant de balancier.

PRÉDATEUR

Il avait des pattes postérieures puissantes, qui lui donnaient de la puissance et la poussée nécessaires pour poursuivre ses proies, elles aussi, très agiles. Ses pattes antérieures, plus courtes mais robustes lui servaient à capturer ses proies.

CÉRATOSAURUS

 Reptile à corne

 3 mètres

 4 à 6 mètres

 0,500 à 1 tonnes

 Carnivore

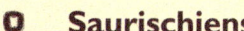 Saurischiens

 Théropodes

F Cératosauridés

 Jurassique sup. (156-135Ma).

 Amérique Nord, Afrique Est.

 1884

27

COELOPHYSIS

DENTITION
Il avait des dents longues, pointues et abondantes. Sur sa machoire supérieure elles ressemblaient à une scie.

Il était fin et agile et vivait en groupe.

ÉTYMOLOGIE
Son nom, qui veut dire "forme creuse" vient du fait que ses os étaient creux donc plus légers pour la course.

CHASSE
Grâce à ses centaines de dents acérées, le coelophysis n'avait aucun mal à perforer la peau de ses victimes, même les plus épaisses. Lézards, poissons et même d'autres coelophysis, tout y passait!

SES MAINS
Pourvues de trois doigts bien mobiles, les mains du coelophysis lui permettaient de gratter le sol et l'intérieur des terriers où se cachaient des petits animaux. Pour chasser, il pouvait aussi compter sur sa vue aussi perçante que celle de l'aigle.

laurasia
gondwana

COELOPHYSIS

- **A** Forme creuse
- 1,70 mètres
- 2,5 à 3 mètres
- 27 à 45 kg

- Carnivore
- O Saurischiens
- S.O Théropodes
- F Cœlophysidés

- Trias supérieur (225-210Ma).
- Etats-Unis
- 1881 par David Baldwin 1881, par Cope. Nommé en 1887

29

Dilophosaurus

Les mâles et les femelles ne se différenciaient pas morphologiquement.

> Il avait deux grandes crêtes sur la tête qui formaient une sorte de "V". On pense que cela leur servait à se reconnaitre entre eux.
> **Sa crête**

La fonction principale de leurs bras étaient de déchiqueter leurs proies grâce aux griffes pointues.

Il possèdait des dents et des griffes de tueur.

Sa stature était asymétrique, il avait un bras atrophié.

Ses jambes grandes et solides lui permettaient d'être rapide.

C'était un prédateur infaillible à partir du moment où il avait repéré sa proie.

> Il avait des dents longues, pointues et abondantes. Sur sa machoire supérieure, elles ressemblaient à une scie.
> **Dentition**

Dilophosaurus

A   Reptile à deux crêtes

2,8 mètres

6 à 7 mètres

300 à 500 kg

🍴   Carnivore

O   Saurischiens

S.O   Théropodes

F   Coelophysidés

 Jurassique inf. (195-184Ma)

 Etats-Unis

 1942 (équipe dont Jesse Williams).

31

Diplodocus

Le diplodocus fait parti du groupe des sauropodes gigantesques.

Les paléontologues pensent maintenant que les ligaments qui allaient de l'arrière du cou à la hanche auraient permis au reptile de tenir son cou suffisamment bien sans utiliser de muscles. La colonne vertébrale était fendue en son milieu, et cet espace était utilisé pour maintenir des ligaments comme celui-ci. Les scientifiques pensent également que le reptile avait des épines étroites et pointues sur le dos.

MORPHOLOGIE

Il lui était possible de se dresser en se tenant sur ses pattes arrières et sa queue.

Ces dents étaient placées à l'extérieur de sa machoire, comme s'il n'avait pas de lèvres, et se terminaient en pointe. Ses dents se remplaçaient tous les mois.

DENTITION

Leurs pattes avant étaient plus courtes que les pattes arrières, ce qui donnait à leur silouhette un aspect horizontal.

"Sa queue était mortelle car puissante, il pouvait la faire claquer comme un fouet, le son pouvait faire fuir ses adversaires."

SA QUEUE

Il avait une griffe sur un doigt à l'avant

32

Diplodocus

Double poutre	Herbivore	Jurassique sup. (156-152Ma)
5 à 6 mètres	O Saurischiens	Etats-Unis
25 à 30 mètres	S.O Sauropodes	1877 (Samuel Wendell).
10 à 20 tonnes	F Diplodocidés	

33

EDMONTOSAURUS

Un des plus grands hadrosaures ayant existé.

Si son immense taille intimidait la plupart des petits prédateurs, il était parfois la proie des meutes de droméosaures et également des tyrannosauridès.

Sa mâchoire était constituée de plusieurs centaines de dents.

Dinosaure qui possèdait le plus grand nombre de dents.

Il mangeait probablement les feuilles des branches basses des arbres et se mettait également à quatre pattes lorsque cela était nécessaire pour brouter la végétation au niveau du sol.

" Il mangeait des végétaux coriaces, comme les conifères, dont il arrachait les feuilles avec son bec avant de les mâcher grâce à ses dents qui formaient de véritables râpes.
alimentation "

Il possédait également une longue queue épaisse qui faisait contre-poids. Ses longues épines sur les vertèbres lui facilitaient sans doute la nage.

34

EDMONTOSAURUS

 Reptile d'Edmonton
 4 mètres
 9 à 13 mètres
 3,5 tonnes

 Herbivore
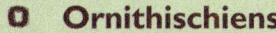
O Ornithischiens
S.O Ornithopodes
F Hadrosauridés

 Crétacé sup. (70-65 Ma.)
 Etats-Unis (Montana), Canada (Alberta)
 1891

35

Gigantspinosaurus

A Reptile aux épines géantes.

△ 1,70 mètres

▭ 4,20 mètres

▯ 700 Kg.

🍴 Herbivore.

O Ornithischiens

S.O Thyréophores

F Stégosauridés

🍖 Jurassique Sup. (163-152 Ma.)

🌍 Chine.

🔭 1985 décrit 1992.

37

Giraffatitan

Le squelette reconstitué au musée de Berlin est le plus haut du monde, il figure dans le livre des records.

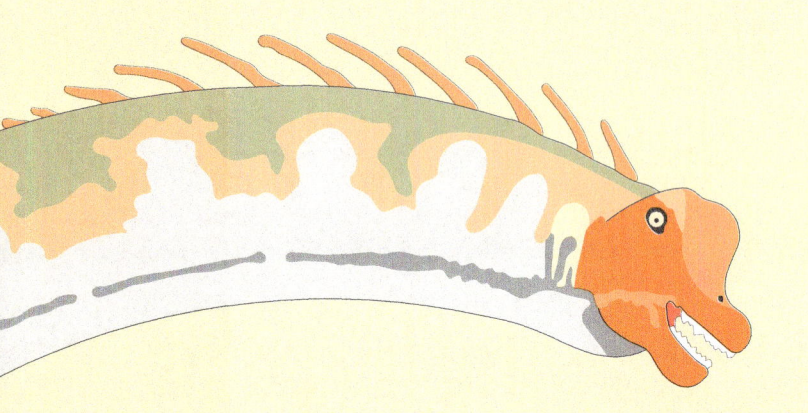

Ses gigantesques pattes atteignaient deux mètres environ au niveau des épaules. Il se distingue par son long cou et son dos incliné vers l'arrière, les épaules étant plus hautes que les hanches, il s'en distinguait par ses énormes pattes en forme de piliers.

MORPHOLOGIE

Il vivait en troupeau.

SES GRIFFES

Ses griffes sont disposées comme suit : une seule griffe sur ses pattes avant alors que ses pattes arrières en possèdent trois.

Il avait le cou droit et non parallèle au sol comme la plupart des sauropodes

« Les scientifiques se demandent encore s'il était à sang chaud ou à sang froid, ce qui jouerait sur l'âge auquel il pouvait être adulte »

38

Giraffatitan

A Girafe de taille titanesque	Herbivore	Jurassique sup. (150-145 Ma.)
12 mètres	O Saurischiens	Afrique
22 à 26 mètres	S.O Sauropodes	Décrit en 1914.
45 tonnes	F Brachiosauridés	

Herrerasaurus

Il se déplaçait sur ses jambes, qui étaient deux fois plus longues que ses bras. Les trois doigts des mains étaient armés des griffes qui servaient à saisir les proies. Il pouvait chasser des proies importantes, car sa mandibule, pourvue d'une articulation coulissante, était très flexible et son cou était court, robuste et fort.

MORPHOLOGIE

"L'Herrerasaurus a été trouvé par accident par un éleveur de chèvres andin nommé Victorino Herrera, qui a vu les os sortir d'un affleurement et l'a signalé aux paléontologues. Le dinosaure a été nommé en son honneur.

ÉTYMOLOGIE"

Il est l'un des dinosaures les plus primitifs connus, il avait un corps gracile et une longue tête.

Malgré sa taille, il était éclipsé par les grands rauisuchiens, parents terrestres des crocodiles, qui étaient les prédateurs supérieurs.

Il avait un crâne qui ressemble à celui du crocodile avec un museau plus court.

SA QUEUE

Sa queue, qui était rigide, était utilisée pour le combat ou pour augmenter sa vitesse

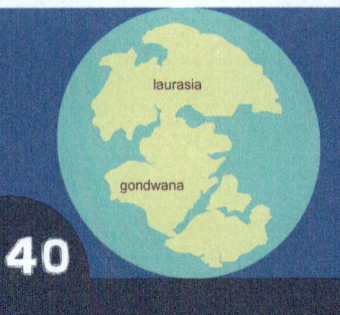

Il se nourrissait d'animaux de petites et moyennes tailles, comme le dinosaure pisanosaurus

laurasia
gondwana

Herrerasaurus

A Reptile de Herrera	🍴 Carnivore	🦴 Trias sup. (215-220 Ma.)
1 mètre	O Saurischiens	🌍 Argentine, Chine.
3 mètres	S.O Théropodes	🔭 1988 décrit en 1963.
200 à 350 kg	F Herrerauridès	

41

Hypacrosaurus

ÉTYMOLOGIE

L'Hypacrosaurus a reçu son nom étrange ("presque le plus haut lézard") parce que, lorsqu'il a été découvert en 1910, ce dinosaure à bec de canard était considéré comme le deuxième en taille après le Tyrannosaurus Rex.

> Les nouveau-nés d'Hypacrosaurus ont atteint la taille adulte en 10 ou 12 ans, bien plus tôt que les 20 ou 30 ans du tyrannosaure typique.

CROISSANCE

Il était coiffé sur sa tête d'une crête, à la façon d'un "punk". Sa crête se poursuivait le long de son dos.

Il faisait partie des dinosaures à bec de canard en raison de son museau allongé et plat.

SON BEC

amérique du nord · europe · asie · afrique · inde · amérique du sud · australie · antartique

42

Hypacrosaurus

A Reptile sous le sommet

△ 4 mètres

▭ 9 mètres

▯ 2,5 à 4 tonnes

🍴 Herbivore

O Ornithischiens

S.O Ornithopodes

F Hadrosauridés

🌍 Crétacé sup. (75-67 Ma.)

🌎 Etats-Unis

🔭 1910, décrit en 1913 par Barnum Brown.

43

Iguanodon

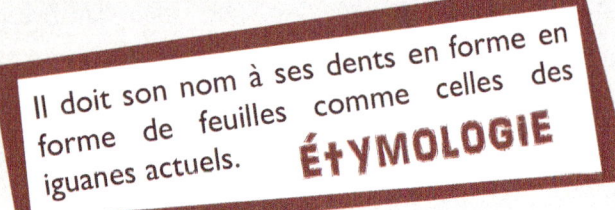

ÉTYMOLOGIE — Il doit son nom à ses dents en forme en forme de feuilles comme celles des iguanes actuels.

SCIENTIFIQUE — "L'Iguanodon est l'un des dinosaures les plus connus car il est la deuxième espèce à avoir été classée scientifiquement comme dinosaure, découvert en 1809."

Mobile, il pouvait se déplacer jusqu'à une vitesse estimée à 35km/h

Il vivait dans les marais en troupeau.

Très populaire, l'iguanodon a inspiré la créature de Godzilla.

Il possédait un pouce à chaque main ressemblant à un long éperon dont l'utilité reste incertaine.

SES MAINS — Il avait des mains avec 5 doigts, dont un pouce muni d'une redoutable griffe et un petit doigt qu'il pouvait replier pour saisir la nourriture.

MORPHOLOGIE — "Avec ses membres antérieurs plus courts que ses membres postérieurs, il était aussi facilement bipède que quadrupède, en fonction de ses besoins."

europe
amerique du nord
asie
afrique
inde
amerique du sud
australie
antartique

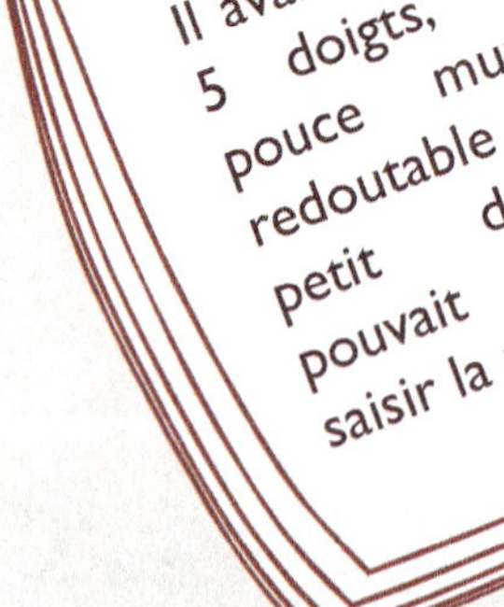

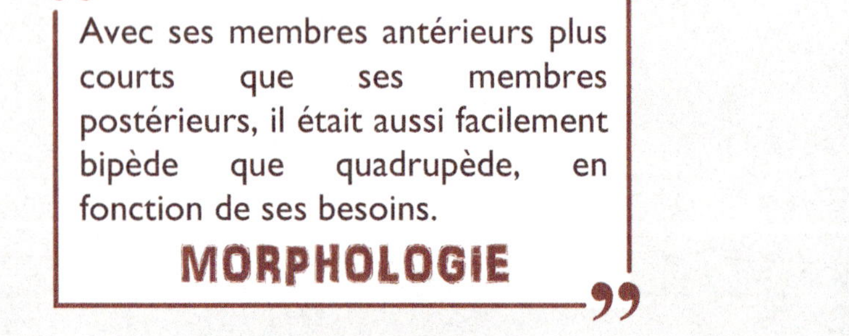

Iguanodon

A Reptile aux dents d'iguane	🍴 Herbivore	🦎 Crétacé inf. (131-96 Ma.)
📐 4,60 mètres	O Ornithischiens	🌍 Europe, Mongolie, Etats-Unis, Maroc
📏 6 à 11 mètres	S.O Ornithopodes	🔭 1809
⚖ 2,5 à 4,5 tonnes	F Iguanodontidés	

45

Maiasaura

Le Maiasaura est un dinosaure surtout connu grâce à son attention remarquable envers ses petits. En effet, il creusait dans le sol et pondait les oeufs dedans. Partout où des fossiles de ce dinosaure ont été retrouvés, on a découvert des centaines de petits nids. Ensuite, il les couvait (sans les écraser !). On peut imaginer que la mère attendait leur éclosion tandis que le père surveillait. Les nids retrouvés contenaient des brindilles et des bourgeons.

> Les nombreux squelettes retrouvés dans les gisements du Montana tendent à prouver que ce dinosaure se déplaçait en troupeau.
> **FOUILLES**

La femelle pondait une douzaine d'œufs.

Il se servait de son bec aplati pour couper des feuilles et les apporter à ses petits au nid.

ÉVOLUTION

A la naissance, les petits maiasaures mesuraient environ 30cm de long. Ils étaient élevés au nid pendant un à deux mois, jusqu'à ce qu'ils atteignent 1,50m et qu'ils soient capables d'autonomie.

Après deux ans, leur croissance ralentissait et ils devenaient adultes entre six et huit ans.

Maiasaura

- **A** Reptile bonne mère
- 3 à 4 mètres
- 9 mètres
- 3 tonnes
- Herbivore
- O Ornithischiens
- S.O Ornithopodes
- F Hadrosauridés
- Crétacé sup. (83-72 Ma.)
- Etats-Unis
- 1978

47

MÉGALOSAURUS

Il y a peu d'informations sur ce dinosaure car peu de squelettes ont été retrouvés et sont loin d'être complets.

DENTITION

Il avait 4 paires de dents sur la mâchoire supérieure.

Il avait des dents longues comme des poignards.

Un fémur énorme a été découvert en 1677, à Oxford, en Angleterre. Mais à l'époque personne ne savait que c'était celui d'un Mégalosaurus.

> Il est apparu dans un roman de Charlies Dickens, Casa Triste publiait en 1852:
> "Il serait merveilleux de rencontrer un mégalosaurus d'une quarantaine de pieds de long, se tortillant comme un lézard-éléphant vers Horborn Hill."

À l'origine, Megalosaurus fut reconstitué sous l'aspect d'un grand lézard quadrupède, avant que l'on ne comprenne qu'il s'agissait en fait d'un théropode, c'est-à-dire un dinosaure bipède et carnivore, aux membres antérieurs courts terminés par des doigts armés de griffes. Ses mâchoires portaient de longues dents en forme de lame qui lui servaient à déchirer ses proies.

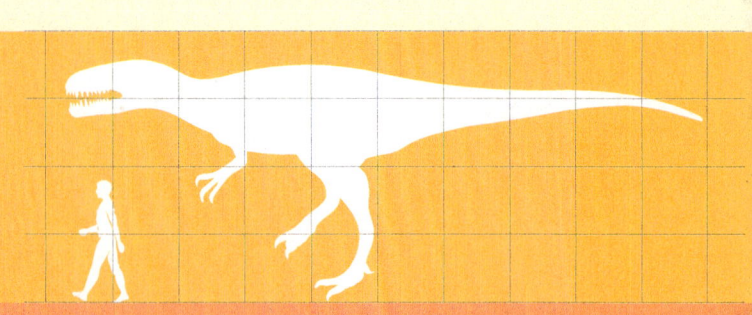

48

MÉGALOSAURUS

A Grand reptile	🍴 Carnivore	🥚 Jurassique moyen (175-164 Ma.)
△ 3 à 5 mètres	O Saurischiens	🌍 Europe (Angleterre, France)
📏 9 à 10 mètres	S.O Théropodes	🔭 1818
⚖ 1,5 tonnes	F Torvosauridés	

49

Microcératops
Microcératus

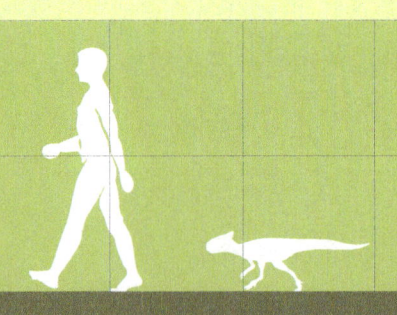

Son bec lui permettait de broyer la végétation

Il pouvait être bipède ou quadrupède, il est capable de courir vite.

Sa collerette osseuse lui servait à impressionner ses congénères.

Il vivait en troupeau.

> Tout d'abord, ce dinosaure que la plupart des gens connaissent sous le nom de Microceratops a changé de nom en 2008, pour devenir Microceratus, un peu moins chic. La raison en est que (à l'insu de la communauté paléontologique des dinosaures) le nom Microceratops avait déjà été attribué à un genre de guêpe, et les règles de classification disent qu'il n'y a pas deux créatures, aussi différentes soient-elles, peu importe si l'une est vivante et l'autre est éteint, peut avoir le même nom de genre.
>
> **ÉTYMOLOGIE**

Microcératops

A Minuscule tête à cornes

📐 30 cm

📏 60 à 70 cm

⚖ 5 à 6 kg

🍴 Herbivore

O Ornithischiens

S.O Cératopsien

F Protocératopsidés

🦴 Crétacé sup. (86-66 Ma.)

🌍 Asie (Mongolie et Chine)

🔭 1953

51

Oviraptor

> Sa tête était courte, avec de très grands yeux entourés d'un anneau de plaques osseuses ; il est possible que ce dinosaure ait disposé d'une vision stéréoscopique. Son crâne était surmonté d'étranges crêtes ossifiées et ses mâchoires étaient édentées mais probablement couvertes d'un étui corné en forme de bec.
>
> **sa tête**

Petit dinosaure théropode, carnivore ou omnivore, qui couvait ses œufs à la façon des oiseaux

DÉCOUVERTE

Depuis le début des années 1990, plusieurs squelettes d'Oviraptor ont été découverts accroupis sur des pontes, dans une position exactement semblable à celle d'un oiseau en train de couver.

> Ses membres antérieurs étaient allongés et grêles. Terminés par trois longs doigts pourvus de griffes, ils étaient capables de saisir et de déchirer les aliments.
>
> **SES GRIFFES**

Il possèdait une crête sur la tête qui était sans doute colorée.

sa CRÊTE

europe
amerique du nord
asie
afrique
inde
amerique du sud
australie
antartique

52

Oviraptor

A Voleur d'œufs		**Omnivore**	**Crétacé sup. (83-68 Ma.)**
0,80 mètres	**O**	Saurischiens	Mongolie
1,80 à 2,40 mètres	**S.O**	Théropodes	1855, au Canada, par Hayden (fossiles de dents). Nommé en 1856 par Leidy.
25 à 25 kg	**F**	oviraptoridés	

53

Pachycéphalosaurus

> Chez les formes les plus primitives, le crâne était plat. Les formes plus tardives présentaient un crâne en forme de dôme ou de grande crête sagittale, qui était orné, sur les côtés, de pointes et de protubérances dirigées vers le bas et l'arrière. **SON CRÂNE**

Il vit en troupeau.

> Certains pachycéphalosaures possédaient un véritable dôme protecteur sur la tête, pouvant atteindre une épaisseur de 25cm. Ainsi, ils étaient protégés lorqu'ils chargeaient les mâles rivaux ou les prédateurs. **SON CRÂNE**

DÉCOUVERTE

On a suggéré que ces dinosaures se livraient des combats en se cognant la tête, comme les béliers actuels, mais la configuration des crânes n'est pas en faveur de cette hypothèse. Il est possible que certaines espèces aient utilisé leur crâne épaissi comme une arme, mais la reconnaissance entre les espèces ou la parade sont des fonctions plus vraisemblables.

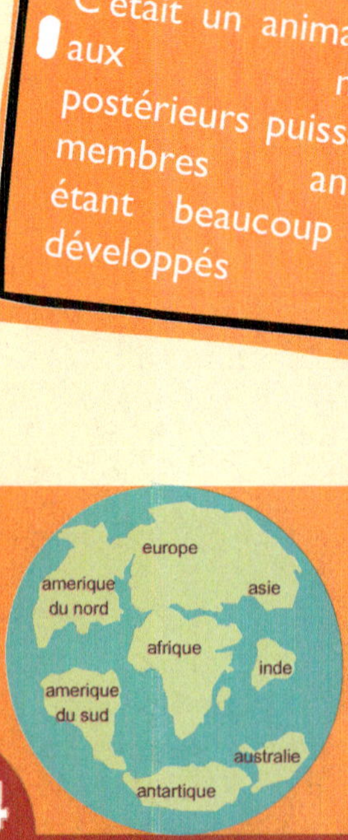

C'était un animal bipède aux membres postérieurs puissants, les membres antérieurs étant beaucoup moins développés

54

Pachycéphalosaurus

A Reptile à tête épaisse	**Y** Herbivore	Crétacé sup. (72-65 Ma.)
1,5 mètres	**O** Ornithischiens	Etats-Unis, Canada
5 à 8 mètres	**S.O** Marginocéphales	1860
1 à 2 tonnes	**F** Pachycéphalosauridès	

55

Paralititan

Il vit en troupeau.

> Il devait être la proie de l'un des plus gros prédateurs de tous les temps : Carcharodontosaurus, et d'un autre qui mesurait à peu près la même taille : Spinosaurus.
>
> **SES PRÉDATEURS**

SQUELETTE

Mais le meilleur moyen de défense du Paralititan restait sa taille. L'humérus de ce géant mesure 1.7 mètre, soit 14 % de plus que ceux des autres Sauropodes du Crétacé.

Habitat

L'habitat de Paralititan inclus de vastes forêts tropicales et les mangroves grandes, dans un environnement très similaire à celui de moderne Gambie.

Paralititan

A Géant du littoral	Herbivore	Crétacé sup. (96-92 Ma.)
7 à 9 mètres	O Saurischiens	Egypte
25 mètres	S.O Sauropodes	janv - fév 2000 (décrit en 2001)
50 à 80 tonnes	F Titanosauridés	

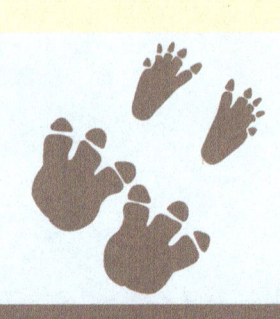

Parasaurolophus

CANARD
Son museau aplati était assez rare chez les dinosaures, on l'appelle "museau en bec de canard".

SE NOURRIR
" Il courrait sur ses deux pattes arrière mais broutait sur ses 4 pattes car, grâce à ces pattes avant plus courtes, sa tête atteignait très facilement le sol. Son alimentation était variée, et c'est sans doute ce qui lui a permis de survivre jusqu'à la fin de l'ére des dinosaures. "

CRÂNE
Il possèdait, au-dessus du crâne un tube osseux, de plus de 2m de long, relié à ses narines. Il servait a émettre des bruits fort puissants pour prévenir les autres d'un danger imminent, comme l'approche d'un T-rex ou d'un autre prédateur.

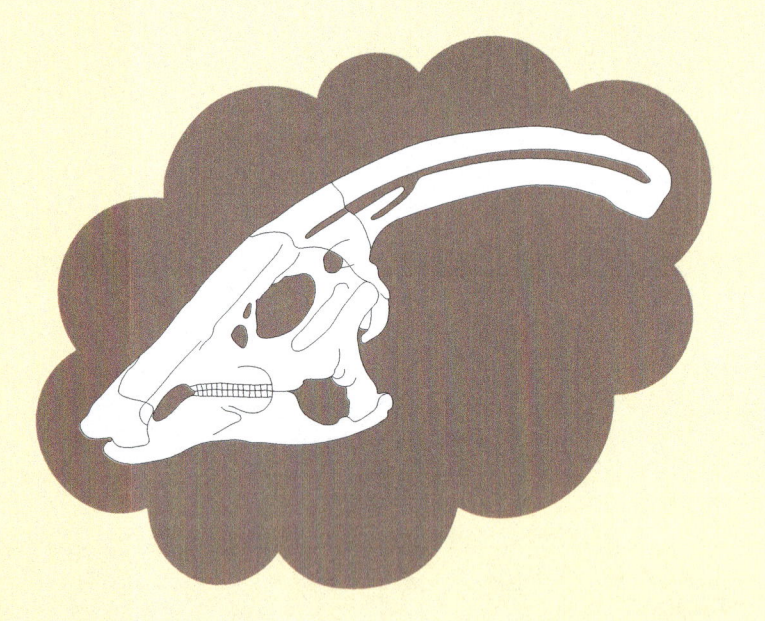

DENTITION
" Comme la vache, il ne possèdait pas de dents coupantes mais une série de grosses dents plates placées dans le fond de sa bouche, ce qui lui permettait de réduire sa nourriture en bouillie avant de l'avaler. "

ANTILOPES
Ils vivaient un peu comme les antilopes africaines d'aujourd'hui. Ils se regroupaient en troupeaux de plusieurs dizaines d'individus qui se déplaçaient constamment à la recherche de nourriture fraiche. Paisibles, ils passaient leur temps à manger.

europe
asie
amérique du nord
afrique
inde
amérique du sud
australie
antartique

58

Parasaurolophus

A Reptile à crête à cloisons parallèles

3 à 4 mètres

9 à 11 mètres

2,5 à 5 tonnes

Herbivore

O Ornithischiens

S.O Ornithopodes

F Hadrosauridés

Crétacé sup. (76-73 Ma.)

Canada

1920 décrit en 1922.

59

Pentacératops

MORPHOLOGIE

C'était un herbivore dont les dents s'auto-aiguisaient. Il avait trois cornes sur la tête et une colerette d'un mètre de large. L'os de la collerette était en fait creux, simplement recouvert de peau.

> Il était un des plus robustes pendant la période à laquelle il vivait.

CORNES

Il avait une corne sur son museau, une au-dessus de chaque œil et une de chaque côté de la grande collerette osseuse du cou.

SON BEC

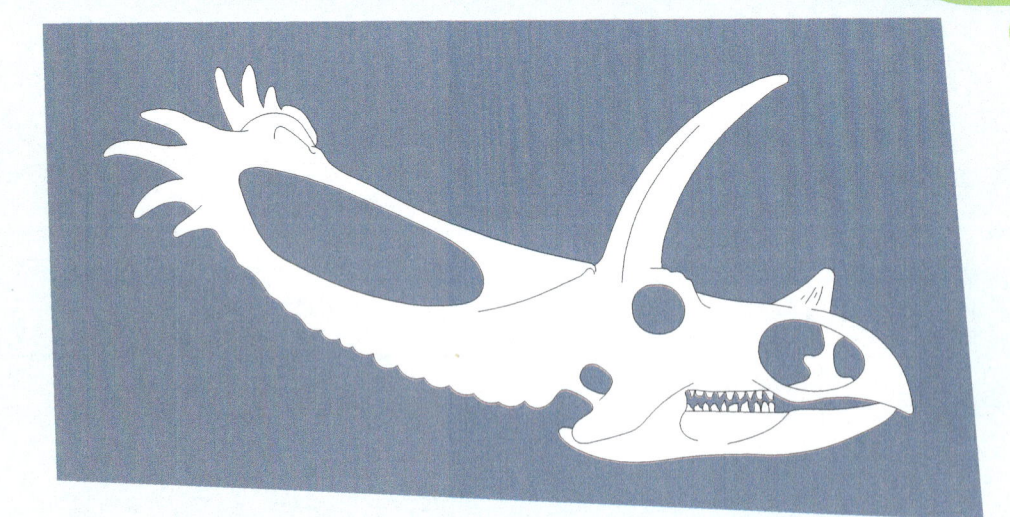

" Il possédait un bec assez solide et robuste qui devait lui servir à exercer une forte pression. "

amerique du nord · europe · asie · afrique · inde · amerique du sud · australie · antartique

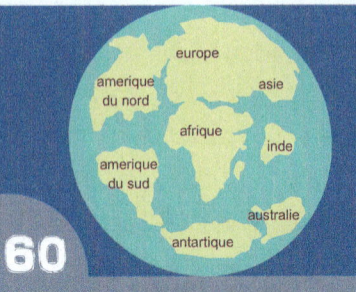

Pentacératops

- Reptile à cinq cornes
- 3 mètres
- 6 à 7 mètres
- 3 tonnes
- Herbivore
- Ornithischiens
- S.O Cératopsien
- F Cératopsidés
- Crétacé sup. (75-67 Ma.)
- Etats-Unis (Nouveau-Mexique).
- En 1921.

Platéosaurus

Il était parmi les premiers dinosaures à habiter la planète, et à atteindre une taille relativement grande, atteignant environ 8 mètres

Sa dentition aiguisée, de qualité agressive, était utilisée aussi pour écraser les racines.

SES DENTS

SES PATTES

Bien que le Plateosaurus puisse se dresser sur ses deux pattes postérieures très fortes, ses membres antérieurs étaient également relativement bien développés et forts, et il pouvait marcher sur deux ou quatre pattes à diverses fins.

" Les individus de cette espèce avait des tailles et des poids très variables. "

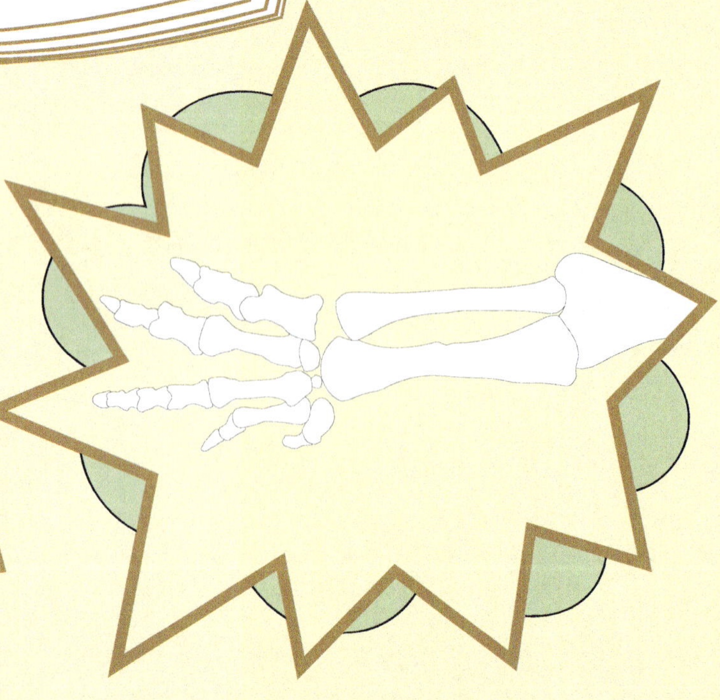

Le petit crâne était perché au sommet d'un long cou flexible et contenait des dents plates dentelées sur les bords avant et arrière.

SON CRÂNE

laurasia

gondwana

62

PLATÉOSAURUS

A Reptile plat
△ 3 mètres
▭ 5 à 10 mètres
▯ De 500kg à 4 tonnes

🍴 Herbivore
O Saurischiens
S.O Sauropodomorphes
F Platéosauridés

🥚 Trias sup. (210 Ma).
🌍 Allemagne, Suisse France.
🔭 1834, en Allemagne, par Engelhardt. Décrit en 1837 par Von Meyer.

63

Protocératops

C'est le prédécesseur des dinosaures à cornes tels que le Tricératops.

Ses œufs ellipsoïdaux pondus en grappes circulaires mesuraient environ 15 cm

" Le Protocératops devait sans doute hacher les aliments beaucoup plus durs et coriaces grâce à ses dents broyeuses impressionnantes et à son bec de perroquet. Ce bec puissant était un défenseur formidable de ses œufs et de ses petits.
SON BEC "

Son crâne solide et résistant servait à frapper ses adversaires. Sa queue pouvait lui servir à renverser ses adversaires.

DÉFENSES

Les restes de centaines d'individus ont été retrouvés à tous les stades de leur croissance. Cette série exceptionnellement complète de fossiles a permis de déterminer les taux et le mode de croissance

Il vivait en troupeaux, Lors de découvertes de squelettes ceux-ci étaient toujours en groupe et jamais en individu isolé.

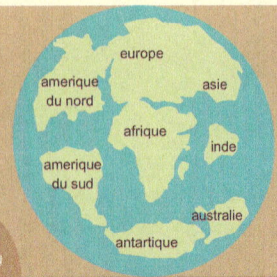

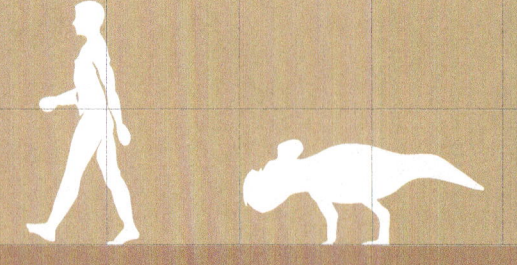

64

Protoceratops

A Première tête à corne
📐 0,60 mètres
📏 1,5 à 2,5 mètres
⚖ 90 à 170 kg

🍴 Herbivore
O Ornithischiens
S.O Cératopsien
F Protocératopsidés

🍖 Crétacé sup. (83-73 Ma.)
🌍 Asie (Mongolie, Chine).
🔭 1920

65

Ptéranodon

Le ptéranodon était un grand animal qui faisait partie de l'ordre disparu des ptérosaures

son bec

Il avait un long bec sans dent, ce qui devait le prédisposer à attraper des poissons en plongeant et rasant l'eau des mers et océans à la manière des pélicans. On le confond parfois avec le ptérodactyle, qui lui est plus ancien

Les ailes composées de muscles étaient comme une grosse cape qui descendait jusqu'aux jambes.

ailes

Cette espèce a évolué en faisant agrandir ses bras et ses doigts pour soutenir ses ailes.

Quand on parle de dinosaures volants, on imagine un ptéranodon mais ce dernier ne fait pas parti des dinosaures mais des reptiles volants.

C'est le seul vertébré avec les oiseaux et les chauves-souris capable de battre des ailes pour voler, et ne faisait pas que se laisser planer.

europe
amerique du nord
asie
afrique
inde
amerique du sud
australie
antartique

66

Ptéranodon

- **A** Aile édentée
- 4 à 7 mètres
- 15 à 20 kg
- Piscivore
- O Pterosaures
- S.O Ptéranodontidés
- F Pterodactyloïdidés
- Crétacé sup. (86-84 Ma.)
- Europe (Angleterre), Etats-Unis (Kansas).
- décrit en 1876 par Marsh.

67

Saurolophus

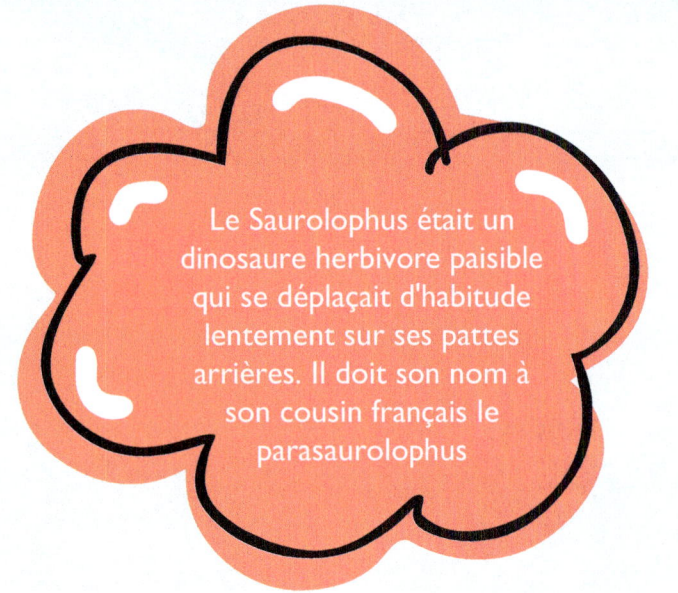

Le Saurolophus était un dinosaure herbivore paisible qui se déplaçait d'habitude lentement sur ses pattes arrières. Il doit son nom à son cousin français le parasaurolophus

Il avait une peau aux écailles très dures.

Sa crête

Il avait une crête sur sa tête, il existe plusieurs hypothèse sur cette dernière:

1 - Elle pouvait émettre des sons, car elle semblait reliée à ses naseaux.

2 - Ou peut-être, pouvait-il gonfler la peau qui recouvrait cette crête pour ses parades amoureuses.

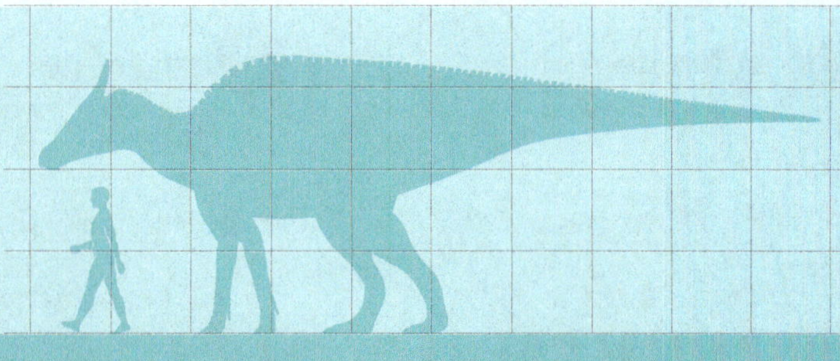

Ses dents

Ce dinosaure avait un grand nombre de dents très serrées avec lesquelles il pouvait mâcher les végétaux durs (fougères et conifères) constituant son régime alimentaire.

Saurolophus

A Reptile à crête

2,5 à 4 mètres

8 à 13 mètres

3 à 11 tonnes

🍴 Herbivore

O Ornithischiens

S.O Ornithopodes

F Hadrosauridés

Crétacé supérieur (75-65 ma)

Etats-Unis (Californie), Canada (Alberta), Asie (Mongolie).

1911

69

Séismosaurus

Seismosaurus vivait au Jurassique supérieur. Il fait partie de la famille des Diplodocidae.

"Son nom signifie reptile qui fait trembler la terre. On lui a donné ce nom car au vu de son poids on supposait qu'on l'entendait arriver de loin, le sol tremblé à son arrivée."

ÉTYMOLOGIE

Il n'est pas certain que Seismosaurus soit une espèce à part entière. Il est très probable qu'il s'agisse d'un très vieux spécimen de Diplodocus.

De ces cinq doigts, un seul avait une griffe puissante pour se protéger.

Il vivait en troupeau.

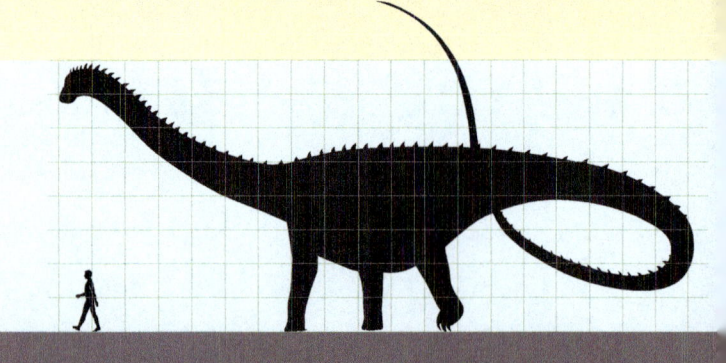

sa taille

Il avait une taille gigantesque estimée à 33 m de long. Cette taille a été établie à partir de fragments d'une queue extrêmement longue (26 mètres), d'un sacrum robuste et de quelques vertèbres ovales de cou.

europe
amerique du nord
asie
afrique
inde
amerique du sud
australie
antartique

70

Séismosaurus

A Reptile tremblement de terre	🍴 Herbivore	🦴 Jurassique sup. (146-135 Ma.)
📐 8 mètres	O Saurischiens	🌍 Etats-Unis (Nouveau-Mexique)
📏 40 à 50 mètres	S.O Sauropodes	🔭 1986, décrit en 1991
⚖ 30 tonnes	F Diplodocidés	

71

Sinornithosaurus

Dinosaure à plumes de petite taille, au poids léger. Similaire à celui d'une oie.

" Il avait deux dents avant courtes dirigées vers l'avant, qui auraient pu servir à arracher les plumes des oiseaux qu'il chassait.
SES DENTS "

Il semblerait que les couleurs de ses plumes variaient entre le brun, le jaune, le noir et le gris.

Son nom signifie "reptile oiseau de Chine" et malgrè ses plumes, il ne volait pas.

VÉNIMEUX ?

Certains paléontologues affirme que c'est le premier dinosaure vénimeux à avoir été découvert. Il avait deux dents longues au milieu de la mâchoire, qui devaient être des crochets à venin, qui servait à paralyser ses proies. Cependant cette affirmation n'est pas affirmée par tous les scientifiques.

SA GUEULE

Sa longueur maximum était d'un mètre. Et l'on trouve beaucoup de ces fossiles en Chine. Sa structure dentaire et sa machoire ont une configuration semblable à celle de certains serpents. Une poche apparaissait au niveau de la machoire supérieure mais l'on ignore s'il s'agit d'une glande à venin.

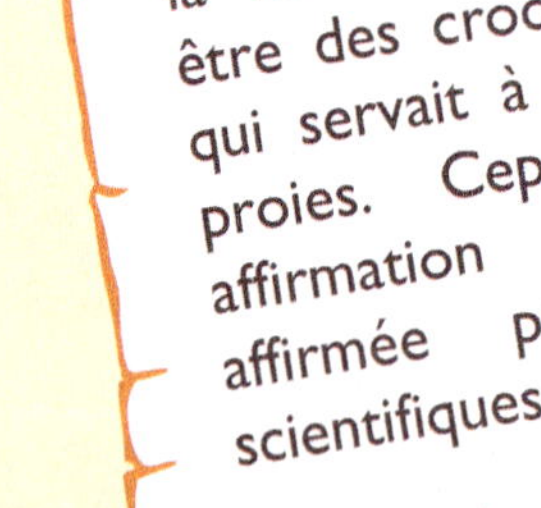

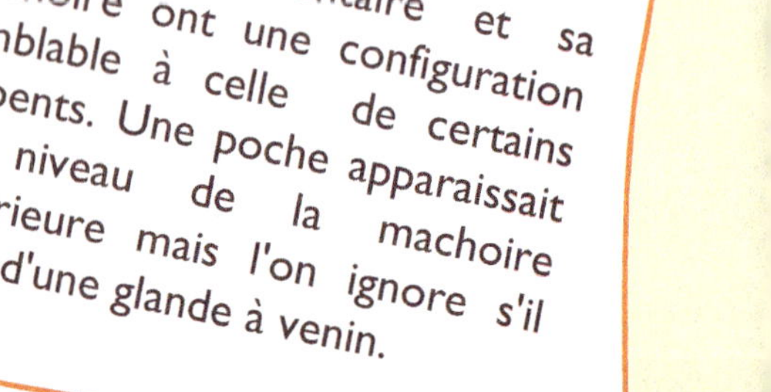

72

Sinornithosaurus

Reptile oiseau de Chine	Carnivore	Crétacé inf. (125-120 Ma.)
30 cm	Saurischiens	Asie (Chine, Liaoning)
0,70 à 1,5 mètres	Théropodes	1999
3 kg	Dromæosauridés	

73

Spinosaurus

D'après les quelques fossiles découverts en Égypte et au Maroc, on suppose que le Spinosaurus était surtout un habitant des rivières poissonneuses et peut-être l'un des premiers dinosaures à savoir nager. Cependant, ses fortes pattes arrières ont fait croire à certains qu'il pouvait atteindre une vitesse de 24 km/h.

Souvent comparé au célèbre T-rex, les deux ne se sont jamais rencontrés car 30 millions d'années les séparent.

CROCODILE
Ils partageaient leur temps entre la terre ferme et le milieu aquatique. Comme le font aujourd'hui les crocodiles et les hippopotames.
HIPPOPOTAME

LE MEILLEUR PÊCHEUR

SES PATTES
Il avait des pattes avant équipées efficacement pour saisir ses proies. Ses bras se terminaient par trois doigts avec de très grosses griffes au bout. Idéal pour attraper les poissons à la manière des grizzlis.

Sa gueule ressemblait beaucoup à celle des crocodiles, comme le gravial. Il avait un museau allongé avec des dents droites et pointues, une arme idéale pour attraper les poissons pendant qu'ils nagent.
CROCODILE

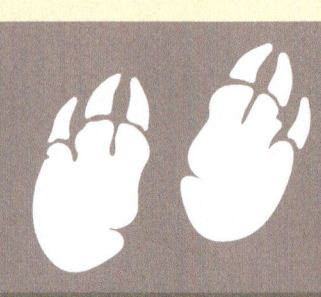

74

Spinosaurus

A Reptile à épines	Carnivore et piscivore	Crétacé sup. (108-94 Ma.)
5 à 6 mètres	O Saurischiens	Egypte, Maroc.
20 mètres	S.O Théropodes	1912, décrit en 1915
7 à 20 tonnes	F Spinosauridés	

75

Stégosaurus

Pas très malin, sans doute. Par rapport à sa taille son cerveau est en effet tout petit. Il a à peine la taille et le poid d'une noix. En comparaison le cerveau d'un homme adulte pèse près de 1kg5

CERVEAU

Même si le stégasorus était sans doute un peu bête, il a réussi à survivre sur terre pendant 60 millions d'années. Il faut dire que son imposante stature, même si elle faisait de lui l'un des dinos les plus lents, devait aussi impressionner ses adversaires.

Ses pattes avant plus courtes lui permettaient d'avoir la tête au ras du sol, près de sa nourriture.

"Pour certains paléontologues, les plaques osseuses qui recouvraient le dos des Stégosaures, se coloraient de couleurs vives pour impressionner des adversaires ou attirer des stagosaures. Pour d'autres, ces plaques servaient à réguler la température de l'animal. Il les orientait au soleil pour se chauffer ou au vent pour se refroidir. Ces plaques, pouvaient atteindre 2m de haut.

PLAQUES OSSEUSES
"

En cas d'agression, il ne peut pas compter sur ses plaques dorsales pour le protéger. Sa seule arme, sa queue puissante dont l'extrémité est dotée de deux pointes défensives de 60cm de long chacune.

SE DÉFENDRE

Ce n'était pas des proies faciles. Ils avaient des moyens de défense assez efficaces: de longues et dangereuses épines qui recouvraient une partie de son dos. Et les épines, sur sa queue, dissuadaient toute tentative d'attaque par derrière.

"Il était incapable de courir vite; il était bien trop gros pour ca. Mais c'était un bon marcheur qui passait ses journées à silloner tranquillement son territoire à la recherche des végétaux les plus tendres, ses préférés.

MARCHEUR
"

76

Stégosaurus

A Reptile cuirassé

4 mètres

7 à 9 mètres

5 à 7 tonnes

Herbivore

O Ornithischiens

S.O Thyréophores

F Stégosauridés

Jurassique sup. (146-135 Ma.)

Etats-Unis

1877 par Marsh

77

Thérizinosaurus

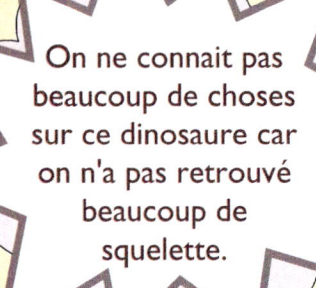

On ne connait pas beaucoup de choses sur ce dinosaure car on n'a pas retrouvé beaucoup de squelette.

On connait surtout son énorme bras et son omoplate.

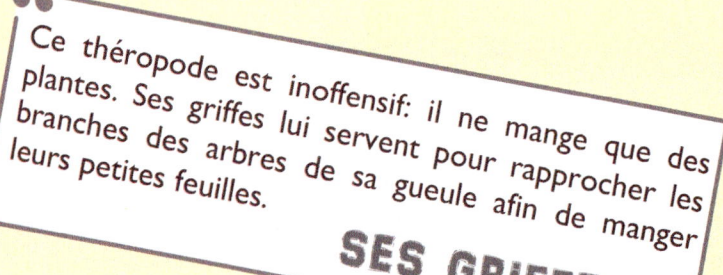

> Ce théropode est inoffensif: il ne mange que des plantes. Ses griffes lui servent pour rapprocher les branches des arbres de sa gueule afin de manger leurs petites feuilles.

SES GRIFFES

A chaque doigt de ses pattes avant se dressait une griffe très longue pouvant atteindre 70cm de long et recourbée comme une faucille.

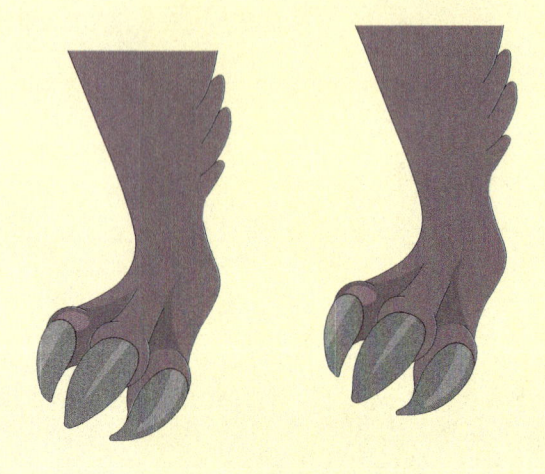

Thérizinosaurus

A — Reptile à faux
△ — 4 à 5 mètres
▭ — 9 à 12 mètres
▭ — 4 à 5 tonnes

🍴 Inconnu
O Saurischiens
S.O Théropodes
F Thérizinosauridés

🥚 Crétacé sup. (70-65 Ma.)
🌍 Asie Est (Mongolie, Kazakhstan)
🔭 1948, décrit en 1954

79

Tricératops

Il était doté d'un véritable pack anti-agression qui tient à distance les prédateurs les plus féroces. Il avait trois cornes sur le front et une large collerette osseuse qui lui sert de bouclier.

SE DÉFENDRE

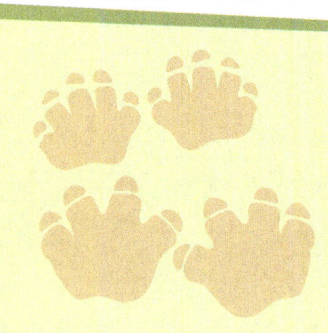

INTELLO

Au niveau intelligence, il était assez bien équipé. Comparé à la plupart de ses camarades, la taille de son cerveau était grosse par rapport à son corps.

SE NOURRIR

Sa machoire se terminait par un bec, qui ressemblait beaucoup, à ceux des perroquets à l'heure actuelle.

Pour les scientifiques, il se servait de son bec pour arracher les végétaux, puis une fois dans sa gueule il les broyait avec ses dents.

Malgrè son apparence, c'était un dinosaure végétarien assez tranquille. Il vivait en plaine et broutait tranquillement. Il se déplaçait en troupeau.

COMMUNAUTÉ

LE PLUS MALIN

" Le tricératops serait une des dernières espèces de dinosaures à avoir vécu sur terre. "

80

Tricératops

- **A** Reptile à trois cornes
- 4 mètres
- 8 à 9 mètres
- 4,5 à 8 tonnes
- Herbivore
- **O** Ornithischiens
- **S.O** Cératopsien
- **F** Cératopsidés
- Crétacé sup. (72-65 Ma.)
- Amérique du Nord
- 1887 (George L. Cannon)

81

Tyrannosaurus

Il pouvait mordre sa proie et en arracher 50kg de viande et d'os qu'il avalait en une seule fois.

Une gueule de tueur

Le T-rex, c'était un crâne de 1m50 et des mâchoires musclées garnies de plus de 60 dents, grosses comme des poignards et épaisses comme des pieux.

Ses mains

Ses bras étaient terminés par des mains à deux doigts. Ils étaient si courts qu'ils ne pouvaient atteindre sa gueule. Il n'en avait certainement aucune utilité.

Chasse

Bien qu'il pouvait s'attaquer à n'importe qu'elle proie, les traces de ses morsures retrouvées sur les os d'autres dinosaures prouvent qu'il chassait de préférence les hadrosaures. Il évitait autant que possible les ankylosaures à la carapace coriace ou les cératopsiens trop dangereux avec leurs cornes menaçantes.

Des jambes de titans

Ses longues et larges jambes aux pieds griffus lui permettaient de faire des enjambées de près de 4m.

Odorat

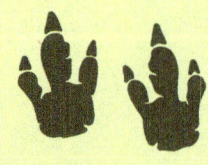

" Son odorat, très développé, lui permettait de sentir un cadavre à des kilomètres de distance ou de localiser une proie rien qu'à l'odeur. "

82

Tyrannosaurus

A — Roi des reptiles tyrans

△ — 5 mètres 60

▭ — 12 mètres

▯ — 6 à 7 tonnes

🍴 — Carnivore

O — Saurischiens

S.O — Théropodes

F — Tyrannosauridés

🦖 — Crétacé sup. (69-65 Ma.)

🌍 — Amérique du Nord

🔎 — Années 1870. Premier squelette partiel trouvé en 1900, dans l'Etat du Wyoming aux Etats-Unis (Amérique du Nord), par Brown. Nommé en 1905 par Osborn.

83

VÉLOCIRAPTOR

SES GRIFFES

Ses griffes de pied en forme de faucille et ses mâchoires garnies de dents tranchantes aux bords dentés ont fait de lui un prédateur redoutable.

MORPHOLOGIE

"Ce droméosaure, couvert de plumes, est sans conteste le plus connu des prédateurs."

Chasse

Sa technique de prédateur était de chasser en meute des dinosaures beaucoup plus gros que lui. Les proies choisies avaient peu de chance de s'en sortir.

Il avait une arme secrête: ses pattes arrières qui étaient dotées d'une griffe cachée de 15cm de long. Lorqu'il attaquait, il la faisait sortir et s'en servait pour poignarder ses proies, dont il ne faisait qu'une bouchée.

LE PLUS RAPIDE

RAPIDE

Avec ses 2m de long et un poids de 20kg, il était musclé et vif, avait des yeux de lynx et des dents acérées. Il pouvait faire des pointes de vitesse à 40km/h.

Vélociraptor

A Prédateur rapide	🍴 Carnivore	Crétacé sup. (77-72 Ma.)
📐 1,25 mètres	O Saurischiens	🌍 Mongolie, Chine.
📏 2 mètres	S.O Théropodes	🔭 1922
👕 7 à 15 kg	F Dromæosauridés	

85

Copyright © Éditions Ludikid - Octobre 2021 - editions.ludikid@gmail.com

Toute représentation ou reproduction intégrale ou partielle faite sans le consentement de l'auteur ou de ses ayants droit ou ayants cause est illicite. Il en est de même pour la traduction, l'adaptation ou la transformation, l'arrangement ou la reproduction par un art ou un procédé quelconque. Article L.122-4 du code de la propriété intellectuelle. Cette représentation ou reproduction, par quelque procédé que ce soit, constituerait une contrefaçon sanctionnée par l'article L.335-2 du code de la propriété intellectuelle.

Printed in Great Britain
by Amazon